지은이 나탈리 다르장
프랑스 파리에서 태어났으며, 대학에서 예술사를 공부했어요. 자기 아이들에게 책을 읽어 주며 글자를 가르치다가, 어린이 책 작가가 되고 싶다는 생각을 하게 되었대요. 지금은 그 소원을 이루어 어린이 책 작가로 활발하게 활동하고 있답니다. 지은 책으로 《빵 사러 가는 길에》《용돈이 다 어디 갔지?》《헉, 나만 다른 반이라고?》 외 여러 권이 있어요.

그린이 야니크 토메
프랑스 안시에서 태어났으며, 지금은 어린이 책 그림 작가로 활동하고 있어요. 펜과 잉크, 먹, 붓, 수채 물감, 컴퓨터 등 다양한 소재와 기법으로 어린이 책에 생명력을 불어넣고 있지요. 우리나라에 소개된 책으로 《빵 사러 가는 길에》《용돈이 다 어디 갔지?》《헉, 나만 다른 반이라고?》 외 여러 권이 있답니다.

옮긴이 이세진
서울에서 태어나 서강대학교 철학과를 졸업하고, 같은 학교 대학원에서 불문학 석사 학위를 받았어요. 지금은 전문 번역가로 활동하고 있답니다. 《곰이 되고 싶어요》《돌아온 꼬마 니콜라》《까만 펜과 비밀 쪽지》《빵 사러 가는 길에》《용돈이 다 어디 갔지?》《헉, 나만 다른 반이라고?》 외 많은 책을 우리말로 옮겼어요

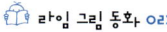

첫판 1쇄 펴낸날 2019년 3월 28일 | **3쇄 펴낸날** 2023년 7월 20일 | **지은이** 나탈리 다르장 | **그린이** 야니크 토메 | **옮긴이** 이세진 | **펴낸이** 박창희 | **편집** 김수진 백다혜 | **디자인** 김선미 | **마케팅** 박진호 임선주 | **회계** 양여진 | **인쇄** 신우인쇄 | **제본** 에이치아이문화사 | **펴낸곳** (주)라임 | **출판등록** 2013년 8월 8일 제 2013-000091호 | **주소** 경기도 파주시 심학산로 10, 우편번호 10881 | **전화** 031)955-9020, 9021 | **팩스** 031)955-9022 | **이메일** lime@limebook.co.kr | **인스타그램** @lime_pub | **홈페이지** www.prunsoop.co.kr | ⓒ라임, 2019 | ISBN 979-11-89208-20-2 (77650) 979-11-85871-57-8 (세트)

잘못된 책은 구입하신 서점에서 바꾸어 드립니다. 본서의 반품 기한은 2028년 7월 31일까지입니다.
KC 마크는 이 제품이 공통안전기준에 적합하였음을 의미합니다. 던지거나 떨어뜨려 다치지 않도록 주의하세요.

Léa veut voter
Léa veut voter ⓒ Editions Milan, France, 2017
Korean Translation Copyright ⓒ 2019, Lime Co., Ltd.
Arranged through Icarias Agency, Seoul.

이 책의 한국어판 저작권은 이카리아스 에이전시를 통해 Editions Milan과 독점 계약한 (주)라임에 있습니다.
저작권법에 의하여 한국 내에서 보호를 받는 저작물이므로 무단 전재와 복제를 금합니다.

쉿, 비밀 투표야!

나탈리 다르장 글 | 야니크 토메 그림
이세진 옮김

라임

뤼카가 학교에 오더니, 친구들에게 대뜸 이렇게 말했어요.
"나, 일요일에 엄마랑 투표하러 간다."
레아는 속으로 샘이 났어요.
엄마랑 이것저것 다 해 볼 수 있는 뤼카가 부러웠거든요.

너는 안 가?

응, 난 안 가.

나도 못 가.

투표는 우리 집에서도 날마다 하는데, 뭐!

그때 막 수업 시작종이 울렸어요. 빨리 교실로 돌아가야 해요!

1교시는 사회 시간이에요. 레아가 톰에게 슬쩍 물어보았어요.
"진짜 투표는 뭘 하는 건데?"
담임 선생님이 그 모습을 보고 눈살을 살짝 찌푸렸어요.
"레아, 수업 시간에 짝이랑 무슨 얘기를 하는 거니?"

"생각보다 투표에 대해 많이 알고 있는걸."
선생님이 웃으면서 말했어요.
그러고는 분필을 들고 칠판에다 이렇게 썼지요.

"우리나라는 국민에게 주권이 있어. 이런 나라를 민주주의 국가라고 해. 국민이라면 누구나 나라의 중요한 일을 결정할 때 참여할 권리가 있다는 얘기야."

친구들은 감자튀김을 매일매일 먹을 수 있어서 찬성이라고 했어요. 그런데 파르페는 자기가 먹을 음식을 다른 사람이 정하는 게 마음에 들지 않는다며 반대를 했지요.

아이들이 웅성웅성 떠들자, 선생님이 교탁을 손바닥으로 톡톡 쳤어요. 그러고는 선생님도 파르페랑 같은 생각이라는 거 있지요? 왕이나 대통령 같은 권력자가 모든 것을 마음대로 결정하고 지시하는 것보다, 자기 생각을 대놓고 말할 수 있는 민주주의가 훨씬 더 좋다고 하면서요.

"한 사람이 나라의 권력을 독차지하면,
그 사람이 명령하는 대로만 움직여야 하니까
굳이 선거를 할 필요가 없겠지.

감자튀김 왕

그런데 우리나라는 그렇지 않아.
국민 모두가 권력을 나눠 갖고 있어.
그렇다고 모든 사람이 동시에
뭔가를 결정하기는 아주 어렵겠지?

그래서 많은 사람을 대신해서
결정을 내릴 대표를 뽑는 거야.

이때 자신의 생각과 잘 맞을
것 같은 후보에게 표를 던지지.
이게 바로 '투표'란다.
여기서 가장 많은 표를 얻은
사람이 대표로 뽑히는 거야."

감자튀김 만세!
(찐고구마도 괜찮아!)

"미스 프랑스 선발 대회 같아요!"
그때 레아가 큰 소리로 말했어요.
레아는 여름 방학 때 TV에서
미스 프랑스 선발 대회를 봤거든요.
머리에 화려한 왕관을 쓰고서
사람들과 기념사진을 찍고 있었지요.

미스 프랑스에게 한 표를 던지고 싶을 땐 전화를 걸면 된대요. 하지만 이번 주 일요일에 하는 선거에서는 그렇게 할 수가 없어요. 투표를 할 수 있는 유권자의 이름이 미리 등록되어 있다나 봐요. 유권자의 자격은 만 19세 이상이고, 우리나라 국적이 있어야 한대요.

모두들 뤼카처럼 투표를 하러 가고 싶어 했어요. 선생님은 아이들의 질문을 하나하나 받아 가면서 친절히 설명해 주었답니다.
레아는 오늘따라 수업이 참 재미있었어요.

드디어 수업이 다 끝났어요. 레아는 엄마 대신 자기를 데리러 온 피피 아줌마에게 투표에 대해 이런저런 얘기를 늘어놓았답니다.

기권이라고요? '기권'은 투표가 자기와 상관없다고 느끼거나 부질없다고 여겨서 선거에 참가하지 않는 걸 말한대요.
레아는 깜짝 놀랐어요. 세상에! 투표권이 멀쩡하게 있는데도 투표를 하지 않는다니요? 이게 말이 되나요?
레아는 속으로 제발 엄마는 그러지 않았으면 좋겠다고 생각했어요.

휴, 다행히 엄마는 투표를 하러 간다지 뭐예요. 이번 선거는 아주아주 중요하기 때문에 반드시 참가해야 한다나요?

다른 사람의 의견에 휘둘리지 않고 자기 뜻대로 한 표를 던지기 위해서, 혹은 다른 후보를 지지하는 사람들과 쓸데없이 말다툼을 하지 않기 위해서 '비밀 투표'를 하는 거래요.

레아는 문득 점심시간에 급식실에서 있었던 일이 떠올랐어요. 톰과 아니마타가 동물 보호와 초록당 이야기로 한바탕 말다툼을 벌였거든요. 나중에는 요구르트까지 집어 던지면서 싸우기까지 했어요.

그래서 엄마가 무슨 말을 하는지 금방 이해를 했답니다. 엄마는 정치적인 생각이 서로 다른 사람끼리도 얼마든지 친구가 될 수 있다고 말했어요. 앞으로 톰과 아니마타도 사이좋게 지낼 수 있겠지요?

그날 저녁, 레아는 마음에 드는 후보를 골랐어요.
"이 사람이 제일 잘생겼어요! 엄마, 이거 봤어요? 근사한 곳을 배경으로 사진을 찍었네요!"
엄마가 활짝 웃으면서 말했어요.
"엄마는 그 사람 찍지 않을 거야. 레아야, 일요일에 엄마랑 같이 투표소에 갈래? 엄마 투표용지를 네가 투표함에 넣을 수 있도록 해 줄게."
와, 신난다! 엄마 최고! 레아는 엄마에게 달려가 냉큼 목에 매달렸어요.

다음 날, 레아는 이 기쁜 소식을 친구들에게 알리고 싶어서 놀이터로 후다닥 뛰어갔어요.
하지만 밤나무 그늘 아래 모여 앉은 친구들은 잔뜩 풀이 죽어 있었지요.
"우린 못 간대!"
뤼카가 투덜거렸어요. 레아는 눈이 휘둥그레졌어요.
"진짜? 근데 왜 못 간다는 거야?"
"어린이는 못 들어간대."

쥘리에트의 언니가 아빠를 따라 투표소에 간 적이 있는데, 기표소 안에 같이 못 들어가고 밖에서 기다렸다지 뭐예요?

그때 저만치에서 담임 선생님이 나타났어요! 선생님도 우리 동네에 살아요. 그래서 종종 학교 밖에서 마주치곤 한답니다.

선생님을 학교 밖에서 만나면 왠지 기분이 좀 이상해요. 옆집 아저씨처럼 장바구니나 빵 봉투를 손에 들고 있을 땐 더욱더 그렇지요.

레아는 선생님을 보고는, 갑자기 얼굴을 붉히며 입을 꾹 다물었어요.

아니마타가 선생님을 붙잡고 이런저런 얘기를 늘어놓았어요.
"쥘리에트가 그러는데, 아이는 어른과 함께 지표소에 들어갈 수가 없대요."

선생님은 금세 아이들의 고민이 무엇인지 알아차렸어요.
"아, 그런 규칙이 있는 줄은 선생님도 몰랐구나! 한번 확인해 볼까?"

선생님은 아이들과 함께 벤치에 앉아 스마트폰으로 검색을 해 보았어요.

그러고는 코딱지를 파는 아이를 발견했을 때처럼 인상을 훅 찡그렸어요.
"쥘리에트 말이 맞네?"
세상에, 이럴 수가 있나요!
레아는 심장이 쿵 내려앉는 기분이 들면서 괜스레 눈물이 북받쳐 올랐어요.

잠시 후, 선생님이 미소를 지으면서 덧붙였어요.
"기표소 안에는 초등학교에 입학하지 않은 어린아이들만 들어갈 수 있다고 하는구나. 그래도 투표소에는 엄마나 아빠랑 같이 가면 초등학생도 들어갈 수 있대."

음, 그럼 투표소에서 사람들이 투표하는 걸 구경해도 될까요?

교장 선생님께 여쭤 볼까? 이번 선거에 참관인으로 참여하신다고 들었거든.

우리 교장 선생님이에요!

'참관인'은 투명하고 공정한 선거가 이루어지도록 감시하는 사람이에요. 투표를 시작해서 끝낼 때까지의 과정을 꼼꼼히 살펴보다가, 의심을 살 만한 일이 생기면 수정을 요구할 수 있어요. 투표권이 있는 사람이라면 누구나 신청할 수 있고요.

교장 선생님은 우리를 보고 좀 놀라는 눈치였지만……, 금방 그렇게 해도 좋다고 했어요. 그 대신에 절대로 소란을 피우면 안 된다고 당부했지요.

친구들은 다음 날 아침에 투표소 앞에서 다 같이 만나기로 약속했답니다.

다음 날, 레아는 아침 일찍 침대를 박차고 일어났어요.
그런데 주방에 엄마 대신 피피 아주머니가 서 있지 뭐예요?

아, 엄마가 피피 아줌마에게 미리 얘기를 해 두었나 봐요.
레아는 행정 복지 센터로 걸어가는 내내, 피피 아줌마한테 선거가 얼마나 중요한 일인지 설명해 주었어요. 드디어! 피피 아줌마가 투표를 하기로 마음을 바꾸었답니다. 수업 시간에 귀를 쫑긋 세우고 있었던 보람이 있네요.

친구들은 벌써 엄마 아빠와 함께 행정 복지 센터 앞에 와 있었어요.

짜잔~! 드디어 투표용지를 투표함에 집어넣는 순간이 다가왔어요. 피피 아줌마가 기표소에서 나온 뒤, 투표용지를 레아에게 건네주었거든요.
레아는 가슴이 두근두근 뛰었어요. 하지만 침착하게 줄을 서서 자기 차례가 오기를 기다렸지요.
막상 투표용지를 손에 받아 들자, 매우매우 중요한 사람이 된 것 같은 기분이 들지 뭐예요?

엄마 말씀이 옳아요. 투표는 아주아주 중요한 일이에요!

🚢 여러분이라면 이럴 때 어떻게 할까요?

여러분의 생각과 가장 가까운 말풍선을 골라 보아요.

1 부모님과 함께 투표소에 갔어요.

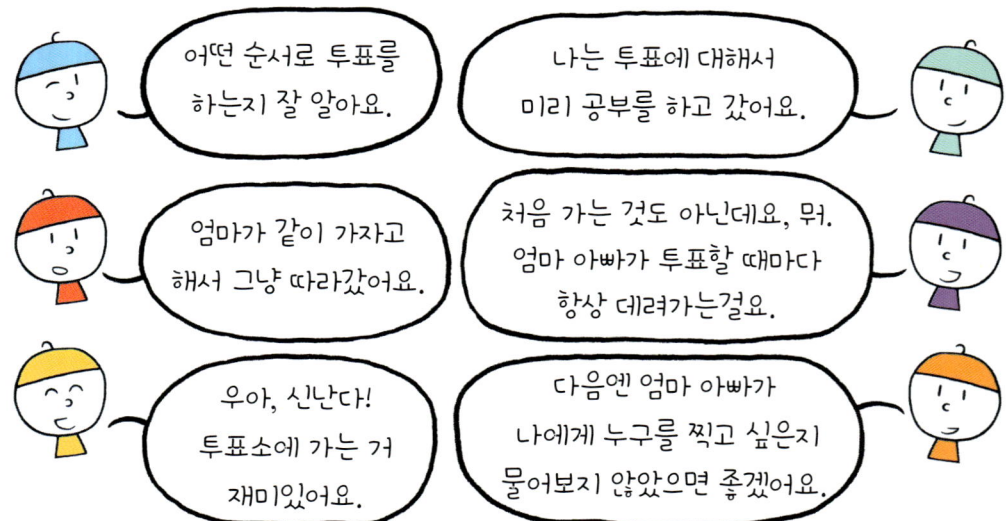

2 엄마 아빠가 서로 다른 사람을 뽑아야 한다고 하면서 싸워요.

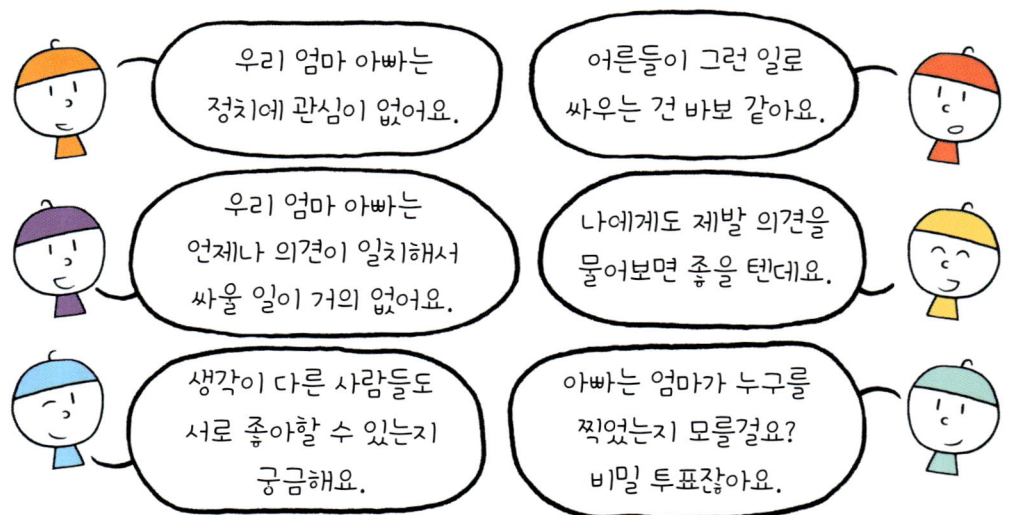

3 여러분은 정치에 관심이 있나요?

엄마 아빠는 내가 이해할 수 있도록 설명을 자주 해 주는 편이에요.

나도 궁금하기는 한데, 사실은 무슨 말인지 도통 모르겠어요.

그런 건 어른이 된 다음에 생각할래요.

네, 관심 있어요. 누구한테 투표할지도 다 생각해 놓은걸요!

지금은 그렇게까지 관심이 있다고 할 순 없어요. 부모님이 정치 얘기를 하면, 옆에서 슬쩍 듣는 정도예요.

물론이지요, 세상에서 어떤 일이 일어나는지 우리도 알고 싶으니까요.

4 어른이 된 후, 선거에 나가 보고 싶다는 생각을 한 적이 있나요?

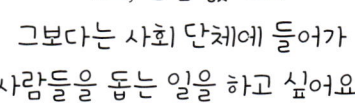
네, 사람들에게 명령하는 자리에 있고 싶어요!

아뇨, 관심 없어요. 그보다는 사회 단체에 들어가 사람들을 돕는 일을 하고 싶어요.

우리 동네를 위해 일하는 거라면 한번 도전해 보고 싶어요.

아니요, 혹시나 사람들이 내가 할 수 없는 일을 해 달라고 할까 봐 두려워요.

난 잘 모르겠어요.

싫어요, 왠지 되게 복잡하고 힘들고 피곤할 것 같아요.

나는 어떤 유형일까요?

가장 많이 고른 아이콘을 찾아서 자신의 유형을 알아보아요.

 **자기 생각을 문제 삼지 않는 유형**

여러분은 정치가 사람들을 이끄는 거라고 생각합니다. 아니마타처럼 자기 생각이 제일이라고 믿고, 그 생각을 밀어붙이는 유형이지요. 하지만 사람은 저마다 자기 견해를 가질 권리가 있답니다.

 **걱정하고 불안해하는 유형**

여러분은 파르페처럼 세상에 일어나는 일을 알고 싶어 하면서도 정치 이야기를 어려워하는 유형이에요. 주의 깊게 듣고 잘 관찰하는 일도 중요하지만, 그렇게 보고 들은 것을 바탕으로 자기만의 생각도 뚜렷이 세울 수 있어야 해요.

 **어떤 일에든 열의가 넘치는 유형**

여러분은 쥘리에트처럼 정치에 관해 궁금한 것이 많아요. 또 자기가 잘못 생각한 부분은 없는지 꼼꼼히 살펴보는 유형이지요. 앞으로도 그런 자세를 꾸준히 유지해 보아요. 나중에 꼭 훌륭한 어른으로 자랄 거예요.

특별히 많이 고른 아이콘이 없다면? 문항별로 자기가 고른 말풍선의 아이콘을 찾아서 읽어 봐요. 조금씩은 들어맞는 데가 있을 거예요.

 아는 것이 많은 유형

여러분은 이미 정치에 대해서 웬만큼 잘 아는 것 같군요. 뤼카처럼 어릴 때부터 부모님을 따라 투표소에 가거나, 뉴스나 신문 기사를 자주 접했다면 충분히 그럴 수 있답니다. 여러분은 나중에 똑똑한 정치가가 될 수도 있어요.

 지나치게 관심이 많은 유형

여러분은 주위 사람들에게 일어나는 일에 관심이 많아요. 레아처럼 적극적으로 참여하고 싶어 하고, 필요하다면 부모님에게도 충고를 하는 유형이지요. 그런데 충고를 별로 좋아하지 않는 사람들도 있으니, 말을 할 때 주의를 기울이는 편이 좋겠지요?

 아직은 남의 일이라고 생각하는 유형

톰과 비슷하네요. 정치에 대해서 생각할 시간이 많이 있지만, 그런 건 어른들이나 고민할 문제라고 생각하지요. 하지만 너무 걱정하지 말아요. 자라면서 조금씩 관심이 생길 거예요.

초등학교 1~2학년들의 좌충우돌 성장 일기
하루하루가 모험의 연속이에요!

나탈리 다르장 글 | 야니크 토메 그림 | 이세진 옮김 | 각권 48쪽

파르페가 혼자서 빵을 사러 가요!

세상에, 엄마가 혼자서 빵을 사 오라고 하지 뭐예요? 파르페는 눈앞이 캄캄해졌어요. 이럴 땐 단짝 친구들의 도움이 필요한데……, 오늘따라 친구들이 한 명도 보이지 않네요. 파르페는 과연 혼자서 빵을 무사히 살 수 있을까요?

아니마타가 처음으로 용돈을 받았어요!

예쁜 머리핀도 사고 싶고, 재미난 장난감도 사고 싶고, 엄마에게 예쁜 꽃도 사 주고 싶어요. 단짝 친구들에게 아이스크림도 쏘고 싶고요. 헉, 이러다 한 달 용돈을 하루 만에 다 써 버리는 건 아니겠지요?

쥘리에트 혼자만 다른 반이 됐어요!

2학년으로 올라가는 날, 쥘리에트는 하늘이 무너지는 듯한 소식을 들었어요. 혼자만 다른 반이 됐다지 뭐예요? 게다가 심술 자매 삼총사와 한 반이 됐다는데……. 쥘리에트는 과연 학교생활을 잘할 수 있을까요?

앗, 뤼카가 친구한테 욕을 들었어요!

점심시간에 식당으로 허겁지겁 달려가다가 그만 친구랑 탁 부딪쳤지 뭐예요? 그런데 세상에! 친구가 대뜸 '쏘다 자식!'이라는 거 있지요? 약이 바짝 오른 뤼카……. 이걸 어떻게 갚아 주면 좋을까요?

방과 후, 레아를 돌봐줄 사람이 없대요!

엄마는 가게 일로 엄청 바쁘고, 피피 아주머니는 다리를 다쳤다지 뭐예요? 아빠는 직장이 너무 멀어서 와 줄 수가 없다나 봐요. 레아는 한숨이 폭폭 새어 나오는데……. 기죽지 않고 신나게 지낼 방법이 없을까요?

톰은 책 읽기가 싫어요!

오잉, 아빠가 서점에서 책을 한 아름 사 오셨어요. 책을 많이 읽어야 나중에 멋진 어른이 될 수 있다나요. 생각만 해도 짜증이 슬슬 치밀어 오르는 것 있지요? 톰은 과연 책하고 친해질 수 있을까요?

왜 어른들만 투표를 해요?

이번 주 일요일은 투표하는 날이에요. 레아는 투표하러 갈 생각에 한껏 들떠 있었지요. 그런데 어린이는 투표를 할 수 없다지 뭐예요? 어린이도 엄연히 생각과 의견이 있는데 말이죠. 이건 너무 불공평하지 않은가요?